Denke Schön

Sebastian 23 & Artur Fast

Denke Schön

Lektora

Lektora, Paderborn

Erste Auflage 2010

Alle Rechte vorbehalten
Copyright 2010 by

Lektora GmbH
Fürstenbergstraße 21 a
33102 Paderborn
Tel.: 05251 6886809
Fax: 05251 6886815

Druck: Janus Druck, Borchen
Covermotiv: Artur Fast
Bilder: Artur Fast
Texte: Sebastian 23
Montage: Carina Hagel

Printed in Germany

ISBN: 3-938470-58-5

Die Bücher, sie verschweigen uns
Das Meiste, soviel steht mal fest
Die Welt hat mehr drauf und die Kunst
Ist, dass man sie erzählen lässt

Die selt´nen Früchte, die zu ernten
Uns auf diesem Weg gelingt
Werden Boten der entfernten
Ahnung, dass hier was nicht stimmt

Wenn mein Wecker mich am Morgen
Anschreit wie ein kranker Vogel
Bleibt dem Rest der Welt verborgen
Wie ich mich zur Küche mogel

Um die andern, die hier wohnen
Nicht zu wecken, bin ich leise
Meine Möbel sind Dämonen
Meine Lampen böse Greise

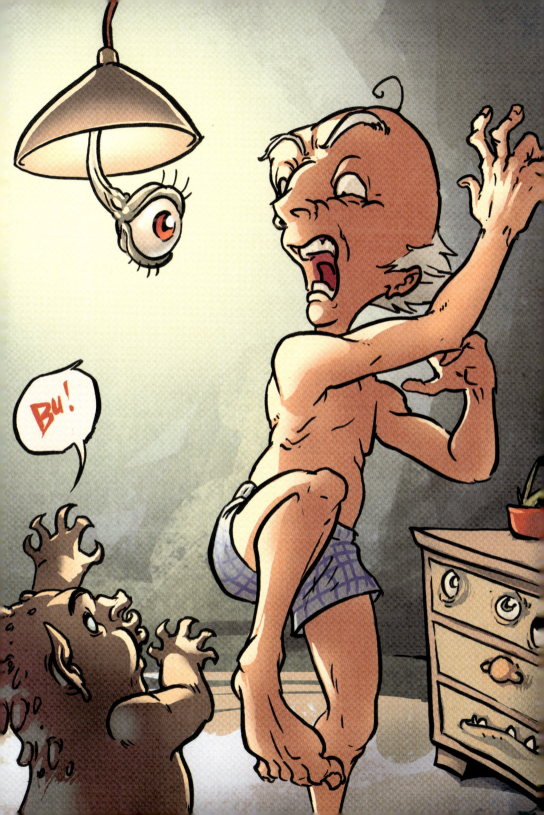

Die Straßenbahn als Lindwurmwesen
Kreischend über Gleise gleitet
Darauf Stadtmensch, Zeitung lesend
Seelenruhig zur Arbeit reitet

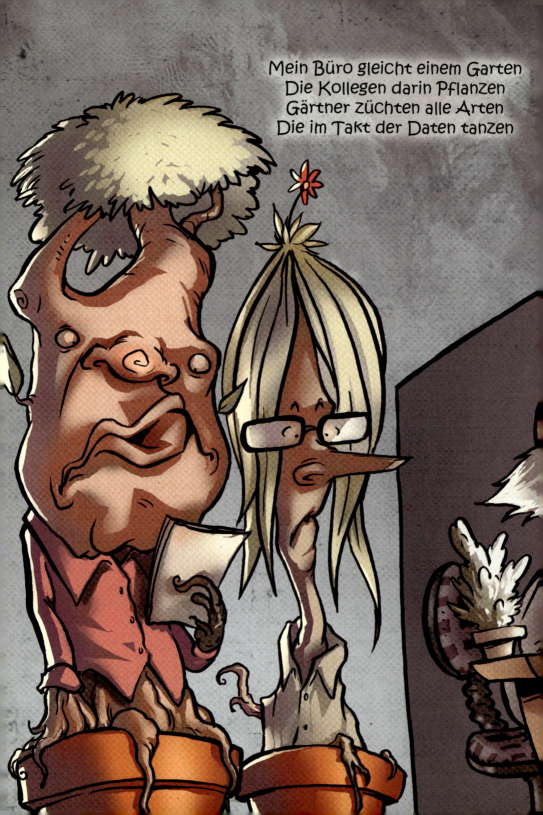

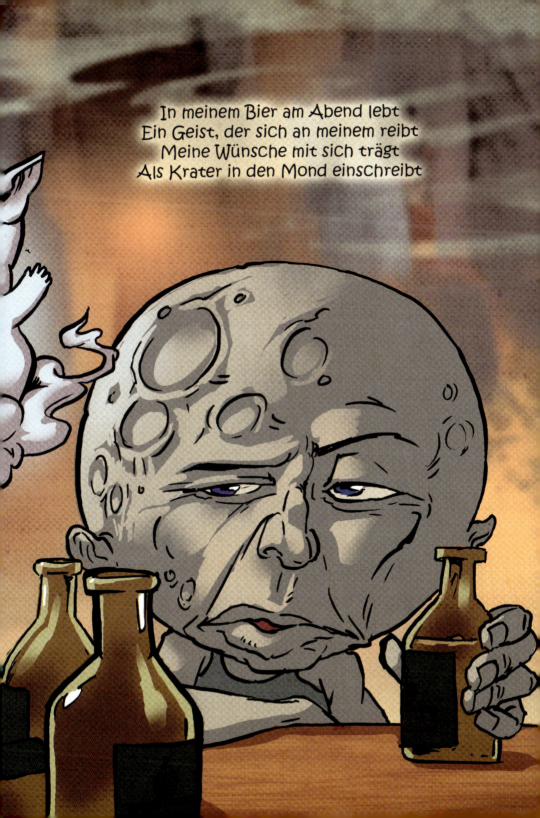

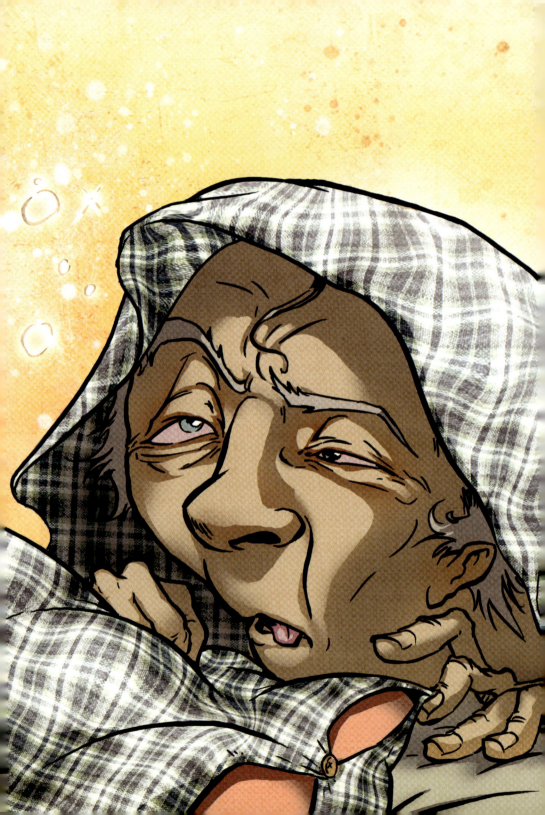

Leider kann ich diese Schrift
Dann am Morgen nicht mehr sehen
Bin noch halb betäubt vom Gift
Doch ich glaube zu verstehen

Jedes Bild, das man entdeckt
Ist der Leinwand überlegen
Man wird früh genug geweckt
So lang träum ich noch vom Leben

Wie sich Artur Fast und Sebastian 23 kennen gelernt haben

Es war in einem dieser sonnenmilchschwangeren Sommer des frühen 21. Jahrhunderts. Sebastian 23, der Teilzeitdichter, verdiente sich ein Zubrot auf dem Jahrmarkt, indem er an einer selbstgeschreinerten Hütte Zungenküsse für einen Euro verkaufte. Eines gekonnten Tages flanierte mit weltmännischer Gewandtheit und von urbanem Flair umflort der aufstrebende Künstler Artur Fast über eben jene Kirmes, nicht ahnend, dass sich alles ändern sollte. In seiner Tasche fand er genau einen Euro und er steuerte damit zielsicher seinem Schicksal entgegen. Direkt neben dem Kuss-Stand von Sebastian 23 verkaufte damals die dralle Brigitte selbstgedrehte Zuckerwatte und so zögerte Artur keinen Moment, sich eines jener süß umwolkten Holzstäbchen zu erwerben. Das entging natürlich nicht der Aufmerksamkeit des benachbarten Kuss-Anbieters und Sebastian, in dessen Kasse sich neben einem Kieselstein nur gähnende Leere befand, begann bitterlich zu weinen. Angelockt vom Greinen des Dichters erbarmte sich Artur und tätschelte Sebastian mit der frischen Zuckerwatte tröstend über den Kopf. Der Beginn einer wunderbaren Freundschaft.
Noch heute haben beide Karies.

Sebastian 23

Sebastian 23 wurde geboren.
Aber das ist noch nicht alles – wie der gloriose Zufall wollte, wurde er genau an seinem Geburtstag geboren. Unter dem schweren Himmel des nördlichen Niederrheins wurde er von Wölfen großgezogen, die ihn früh lehrten, Schopenhauer höher zu schätzen als Hegel und Heine höher als Hesse. Der Weg zu einem Dichter war damals schon vorgezeichnet, auch wenn man es dem aggressiven Dreijährigen mit den blutigen Lammresten im Mundwinkel noch nicht anmerkte.
Heute lebt Sebastian 23 in seiner Freizeit. Er verdient sein Geld als freischaffender Buchstabenaneinanderreiher in Bochum. Andere sagen, er verdient es nicht. Die sollen doch Hegel lesen, die Narren!

Artur Fast

Geboren wurde er im kaum auszusprechenden Schtschuschinsk in Kasachstan. Heute ist er damit fertig und arbeitet als freischwebender Illustrator im kaum auszudenkenden Bochum. Neben echt fiesen Monstern malt er gern Engelchen mit lila Kirschherzen. Das ist aber okay. Einer muss es ja machen. Diese Flexibilität und die Tatsache, dass er karierte Unterhosen mit der selben Selbstverständlichkeit trägt, mit der Zebras Streifen tragen, zeigen, dass er in seinem Lebenslauf, der ja diesen Satz umgibt, durchaus zu Recht ziemlich umständliche Nebensatzkonstruktionen stehen hat.
Darüber hinaus ist er der zweitaktivste User der Dönerbude unten an der Ecke.
Ende.

Im Lektora-Verlag erschienen

Sebastian 23

Ein Kopf verpflichtet uns zu nichts

Sebastian 23 ist einer der bekanntesten und erfolgreichsten Poetry Slammer Deutschlands und trägt eine Mütze.

Seit 2003 hat er sich dieser Form der live vorgetragenen Literatur verschrieben und ist damit im gesamten deutschsprachigen Gebiet aufgetreten, u. a. bei der Frankfurter Buchmesse, im Schauspielhaus Hamburg und im Berliner Admiralspalast.

2008 wurde er deutschsprachiger Meister und Vizeweltmeister im Poetry Slam, gewann die renommierte St. Ingberter Pfanne und den Prix Pantheon, trat bei TV total, Nightwash und im QuatschComedyClub auf und ist zudem nominiert für den Literaturpreis des Landes NRW. Außerdem erlangte er bei einer Aral-Tankstelle in der Nähe von Büttelborn vier Bonuspunkte beim Erwerb eines Schokoriegels.

Seine Texte sind in zahlreichen Anthologien veröffentlicht (u. a. bei Reclam und S. Fischer) und sein Debüt-Buch „Ein Kopf verpflichtet uns zu nichts" erschien Ende 2008. Und seit 2009 geht er mit seinem ersten Solo-Programm auf Tour. Es heißt „Gude Laune hier!" und es handelt von den Tücken, mit denen man als Dichter und Philosoph so im Alltag zu kämpfen hat.

Zum Beispiel Kaffee.

Und Mützen.

Und Wiederholungen.

ISBN 3-938470-20-8

€ 12,80

www.lektora-verlag.de